Inhalt

Der neue IAS 19 - IASB präsentiert überarbeitete Bilanzierungsvorschriften für Pensionsverpflichtungen

Kernthesen

Beitrag

Fallbeispiele

Weiterführende Literatur

Impressum

Der neue IAS 19 - IASB präsentiert überarbeitete Bilanzierungsvorschriften für Pensionsverpflichtungen

Annett Kaindl

Kernthesen

- Das IASB hat Änderungen zu IAS 19 "Leistungen nach Beendigung des Arbeitsverhältnisses" herausgegeben.
- Wesentliche Neuerungen sind die Abschaffung der Korridor-Methode und die Umstellung auf die Nettozinsmethode.
- Zusätzliche Anhangsangaben sollen es leichter

machen, die vom Unternehmen eingegangenen Risken einzuschätzen.

Beitrag

IASB veröffentlicht Änderungen an IAS 19

Der International Accounting Standards Board (IASB) hat die Bilanzierung von Pensionsrückstellungen neu geregelt. Am 16. Juni 2011 veröffentlichte das IASB eine in wesentlichen Teilen überarbeitete Fassung des Rechnungslegungsstandards IAS 19 "Employee Benefits". Ziel des Überarbeitungsprojekts war es, die bilanzielle Darstellung von Pensionsverpflichtungen transparenter und vergleichbarer zu gestalten.

Die Neuerungen beinhalten die Abschaffung bisher bestehender Wahlrechte für Unternehmen. Außerdem werden die Vorgaben zur Erfassung und zum Ausweis von Leistungszusagen an Arbeitnehmer klarer formuliert. Die ohnehin schon sehr aufgeblähten Anhänge zu den Geschäftsberichten werden durch zusätzliche Informationspflichten noch stärker ausgeweitet. (1), (2)

Nachfolgend werden die wesentlichen Neuerungen dargestellt.

Umstellung auf die Nettozinsmethode

Planvermögen ist ein Begriff aus der internationalen Rechnungslegung. Dabei handelt es sich um das Vermögen der Unternehmen, welches zur Deckung von Pensionsverpflichtungen zur Verfügung steht und aus dessen Erträgen die Leistungsansprüche bedient werden. Zu den Erträgen des Planvermögens gehören Dividenden, Zinsen und sonstige Erlöse, von denen Verwaltungskosten und etwaige Steuern abgezogen werden müssen.

Bisher wurde bei der Ermittlung der zu erwartenden Erträge des Planvermögens auf dessen individuelle Zusammensetzung, zum Beispiel Aktien, Anleihen, Immobilien oder ein Mix dieser Anlageformen, abgestellt. Der neue Standard verlangt den Ansatz des Nettozinsaufwands/-ertrags. Im Gegensatz zur bisherigen Regelung wird dabei der erwartete Ertrag des Planvermögens nicht mehr auf Basis der tatsächlichen Zusammensetzung des Planvermögens bestimmt, sondern basierend auf dem Rechnungszins zur Barwertberechnung der Pensionsverpflichtung. Das bedeutet, der Zins zur Ermittlung der erwarteten

Erträge aus dem Planvermögen wird künftig mit dem Zins zur Bewertung der Pensionsverpflichtungen vereinheitlicht. Dieser typisierte Zins ist orientiert an hochwertigen Industrieanleihen. (1), (2), (3)

Das bisherige Vorgehen, bei der Ermittlung der Erträge aus dem Planvermögen auf die individuelle Zusammensetzung des Planvermögens abzustellen, trug den Konzernen manchmal die Kritik ein, sie würden sich reicher rechnen als sie sind. Denn die Ermittlung des erwarteten Ertrags zum Jahresanfang hing von subjektiven Erwartungen des Managements ab und unterlag somit einem erheblichen Ermessensspielraum. Die geschätzten Renditen wurden aber vielfach nicht erreicht. Gleichwohl verbuchten die Firmen den Zinsertrag. (3), (4)

Auswirkungen der Umstellung auf die Nettozinsmethode

Das neue Vorgehen hat zur Folge, dass alle Unternehmen gleich behandelt und die tatsächlichen wirtschaftlichen Verhältnisse ignoriert werden. Die Umstellung auf die Nettozinsmethode wird Auswirkungen auf das Ergebnis haben. Vorzeichen und Umfang der Auswirkung werden unternehmensindividuell sehr unterschiedlich ausfallen.

Die Reduktion der bisherigen Darstellung des Bruttozinsaufwands und der erwarteten Planerträge auf die Größe Nettozinsaufwand könnte zukünftig eine allzu offensive Bilanzpolitik zur Planung und Gestaltung der Pensionsverpflichtungen auf ein vernünftiges Maß eindämmen. Einige Unternehmen, die bisher eine auf hohe Erträge abzielende Anlagestrategie verfolgt haben, werden diese Strategie überdenken und in der Zukunft eine deutlich konservativere Anlagestrategie unter Berücksichtigung des Bilanzierungsrisikos umsetzen. (1), (2)

Abschaffung der Korridor-Methode

Eine wesentliche Änderung im neuen Rechnungslegungsstandard ist die Abschaffung der Korridormethode. Bisher hatten die Unternehmen ein Wahlrecht. Sie konnten unerwartete versicherungsmathematische Gewinne und Verluste aus Schwankungen von Pensionsrückstellungen und Pensionsvermögen

- erfolgsneutral in der Bilanz in einem Unterposten des Eigenkapitals als Neubewertungsrücklage oder
- erfolgswirksam in der Gewinn- und Verlustrechnung oder

- ab einer bestimmten Höhe und über einen längeren Zeitraum verteilt (Korridor-Option) erfolgswirksam erfassen. (3)

Entsprechend dem überarbeiteten IAS 19 müssen Abweichungen von bestimmten Annahmen, zum Beispiel zur Lebenserwartung oder den Gehaltstrends, die bei der Bewertung der Pensionsrückstellungen getroffen wurden, erfolgsneutral direkt im Eigenkapital erfasst werden.

Für Unternehmen, die bisher die Korridor-Methode angewendet haben, werden sich erhebliche Veränderungen bei den Pensionsrückstellungen und dem Eigenkapital ergeben, da alle Änderungen in Bewertungsannahmen wegen der zwingenden Soforterfassung voll auf diese Bilanzposten durchschlagen. (1)

Die Hinwendung zur erfolgsneutralen Erfassung von Schwankungen der Pensionsrückstellung als einzige Möglichkeit zum Ausweis von Pensionsverpflichtungen in der Bilanz sorgt im Sinne der Vergleichbarkeit von Unternehmensabschlüssen für mehr Klarheit. Die Unternehmen müssen sich allerdings verstärkt mit den Auswirkungen einer höheren Volatilität des Eigenkapitals auseinandersetzen. Auf das Eigenkapital bezogene Rentabilitätskennziffern der Konzerne unterliegen zukünftig größeren Schwankungen als bisher. (2), (3)

Die Korridor-Methode stand schon lange unter Kritik, weil bei Anwendung des Korridorverfahrens der Stichtagswert der Pensionsverpflichtung nicht vollständig in der Konzernbilanz abgebildet wurde. Stille Lasten und Risiken konnten lediglich dem Anhang entnommen werden. (3), (4)

Keine Änderungen beim Wahlrecht zum Ausweis des Zinsaufwands

Die bilanzierenden Unternehmen können weiterhin wählen, ob sie den Zinsaufwand dem Personalaufwand zuordnen und damit im operativen Ergebnis zeigen oder ob sie den Zinsaufwand im Finanzergebnis ausweisen. Die Beibehaltung dieses Wahlrechts ist mit dem verfolgten Ziel einer besseren Vergleichbarkeit der Jahresabschlüsse nicht vereinbar. (2)

Zusätzliche Angaben im Anhang erforderlich

Der neue IAS 19 fordert umfangreichere Anhangangaben. Künftig müssen Unternehmen erstmals Angaben über die Finanzierungsstrategie ihrer Pensionspläne machen. Finanzierungsrisiken sollen nicht nur beschrieben, sondern auch quantifiziert werden. Dafür wird eine Sensitivitätsanalyse gefordert, die zeigt, in welchem Umfang Pensionsverpflichtungen sich bei Änderungen wesentlicher Bewertungsparameter verändern. Außerdem muss die durchschnittliche Restlaufzeit der Pensionsverpflichtungen angegeben werden. (5)

Positiv zu bewerten ist die Entscheidung des IASB, auch weiterhin zwischen Pensionen und anderen langfristig fälligen Leistungen gegenüber Arbeitnehmern, zum Beispiel Jubiläumsgeldern, zu unterscheiden. Dies hat zur Folge, dass für andere langfristig fällige Leistungen gegenüber Arbeitnehmern zukünftig nicht die gleichen Offenlegungspflichten wie für Pensionen, sondern, wie bisher auch, lediglich vereinfachte Offenlegungspflichten gelten. (2)

Trends

Die Änderungen bei der Bilanzierung von Pensionsverpflichtungen sind für Berichtsperioden anzuwenden, die am oder nach dem 01. Januar 2013 beginnen. (3)

Fallbeispiele

Die Pensionsverpflichtungen in den Jahresabschlüssen der DAX30-Unternehmen sind im Jahr 2010 auf 246,3 Milliarden Euro gestiegen (2009: 221,6 Milliarden Euro). Dieser Anstieg ist zu einem großen Teil auf den gesunkenen Rechnungszins zurückzuführen. Der Rechnungszins ist von der aktuellen Kapitalmarktlage zum Bilanzstichtag abhängig und orientiert sich an Unternehmensanleihen hoher Qualität. Im Jahr 2009 verwendeten die Unternehmen einen Rechnungszins von durchschnittlich rund 5,3 Prozent. Der anhaltende Trend sinkender Zinsen führte 2010 zu einer Reduzierung des Rechnungszinses für Pensionsverpflichtungen auf rund 5,0 Prozent. (5)

Zum 31.12. bzw. 30.09.2010 hatten die DAX30-Konzerne nach den Angaben in den Jahresabschlüssen eine Marktkapitalisierung von rund 740 Milliarden Euro. Die Pensionsverpflichtungen von 246,3 Milliarden Euro entsprachen damit durchschnittlich rund einem Drittel der Marktkapitalisierung. Bei einigen Unternehmen (Lufthansa, Commerzbank, Deutsche Post) wurde dieses Drittel weit übertroffen, während bei anderen der Wert weit darunter lag (adidas, Beiersdorf, Deutsche Börse, Fresenius). Die drei erstgenannten Unternehmen verwendeten bei der Bilanzierung ihrer Pensionsverpflichtungen bisher die Korridormethode.

(5)

Im Jahr 2010 wurde durchschnittlich ein Rechnungszins von 5,0 Prozent, aber eine erwartete Rendite von 5,8 Prozent unterstellt. Nach dem neuen Standard wird das nicht mehr möglich sein. Zukünftig erfolgt die Ermittlung der Nettoverzinsung ausschließlich mit dem Rechnungszins. Für das Jahr 2010 würde dies eine Verzinsung von 5,0 Prozent statt 5,8 Prozent bedeuten. Bei Unterstellung von sonst gleich bleibenden Verhältnissen hätte dies zur Folge, dass der Pensionsaufwand im DAX30 für 2010 um etwa 0,7 Milliarden Euro höher ausfallen würde. (5)

Weiterführende Literatur

(1) Mehr Transparenz bei Pensionsrückstellungen
Bewertungsänderungen künftiger Leistungen an Arbeitnehmer müssen nach Reform sofort im Eigenkapital erfasst werden
aus Financial Times Deutschland vom 09.06.2011, Seite 19

(2) Der neue IAS 19: Auswirkungen auf die Praxis der Bilanzierung von Pensionsverpflichtungen - Update zu xyxJL8yxyBB 2010, 1523xyxELyxy ff.
aus Betriebs Berater Heft 29/2011 Seite 1771

(3) Durchblick in Pensionsleistungen

Bilanzstandardsetzer IASB präsentiert erneuerte Regeln für Altersvorsorgeverpflichtungen
aus Börsen-Zeitung, 09.06.2011, Nummer 110, Seite 10

(4) IASB veröffentlicht neue Bilanzregeln für Pensionäre
aus Handelsblatt online vom 09.06.2011

(5) Pensionsverpflichtungen in der Rechnungslegung der Konzerne im DAX30
aus Kapitalmarktorientierte Rechnungslegung, Heft 9 vom 1.9.2011, Seite 395 -

Impressum

Der neue IAS 19 - IASB präsentiert überarbeitete Bilanzierungsvorschriften für Pensionsverpflichtungen

Bibliografische Information der deutschen Nationalbibliothek

Die Deutsche Nationalbibliothek verzeichnet diese Publikation in der deutschen Nationalbibliografie; detaillierte bibliografische Daten sind im Internet über http://dnb.d-nb.de abrufbar.

ISBN: 978-3-7379-1404-8

© 2015 GBI-Genios Deutsche Wirtschaftsdatenbank GmbH, Freischützstraße 96, 81927 München, www.genios.de

Alle Rechte vorbehalten. Dieses Werk ist einschließlich aller seiner Teile – z.B. Texte, Tabellen und Grafiken - urheberrechtlich geschützt. Jede Verwertung außerhalb der Grenzen des Urheberrechtsgesetzes bedarf der vorherigen Zustimmung des Verlags. Dies gilt insbesondere auch für auszugsweise Nachdrucke, fotomechanische Vervielfältigungen (Fotokopie/Mikroskopie), Übersetzungen, Auswertungen durch Datenbanken oder ähnliche Einrichtungen und die Einspeicherung und Verarbeitung in elektronischen Systemen.